각자 입으로 각자 말을 하느라고

각자 입으로 각자 말을 하느라고
시산맥 감성기획시선 054

초판 1쇄 발행 | 2020년 10월 10일

지 은 이 | 유　담
펴 낸 이 | 문정영
펴 낸 곳 | 시산맥사
편집주간 | 이성렬
편집위원 | 강경희 안차애 오현정 정재분
등록번호 | 제300-2013-12호
등록일자 | 2009년 4월 15일
주　　소 | 03131 서울특별시 종로구 율곡로 6길 36,
　　　　　월드오피스텔 1102호
전　　화 | 02-764-8722, 010-8894-8722
전자우편 | poemmtss@hanmail.net
시산맥카페 | http://cafe.daum.net/poemmtss

ISBN 979-11-6243-135-1　03810

값 9,000원

* 이 책은 전부 또는 일부 내용을 재사용하려면 반드시 저작권자와 시산맥사의 동의를 받아야 합니다.
* 이 도서의 국립중앙도서관 출판예정도서목록(CIP)은 서지정보유통지원시스템 홈페이지(http://seoji.nl.go.kr)와 국가자료종합목록 구축시스템(http://kolis-net.nl.go.kr)에서 이용하실 수 있습니다. (CIP제어번호 : CIP2020038790)
* 이 시집은 교보문고와 연계하여 전자책으로도 발간됩니다.

각자 입으로 각자 말을 하느라고

유 담 시집

* 본문 페이지에서 한 연이 첫 번째 행에서 시작될 때에는 〈 표기를 합니다.

■ 시인의 말

"새벽에 물 길러 가니 맑은 샘물에 이무기가 턱 들앉아 있더라."
어머니가 자주 들려주시던 이야기.
"서울로 연날리기대회 간다고 나서는 꿈도 꾸이더라. 그것도 태몽이제." 덧붙여 말씀하셨다.
비교적 늦은 나이에 얻은 첫딸, 첫 조카 이름 짓기에 아버지는 삼촌, 고모와 한 달 내내 골몰하셨다고 한다.
각자 주장하는 이름이 달라 결론이 나지 않았다.
"아기 땐 애기야 하다가 크면 아가씨 하지 뭐" 미루다가 대서방에 가서 지은 이름.
옥소리 玲, 바랄 希.
첫 수필집을 내고 보니 동명이인이 있어 불편한 점이 있었다. 이런저런 이유로 필명을 받았다.
이무기가 쉴 연못인가.
裕潭, 여유로울 수 있으려니 이제는.

— 2020년 가을, 유 담

■ 차 례

1부

봄은 풀잎을 흔들면서 온다 – 17
길은 문을 만나 끝나고 – 18
마늘을 까다 – 20
민달팽이의 변 – 21
소를 찾아서 – 24
자작나무 그릇 – 25
초록등허리 – 26
숟가락 – 27
지하철의 아침 – 28
콩을 고르며 – 30
노을에 – 31
섬 – 32
지난가을부터 올봄에 이르기까지 – 33
바다에 돌멩이 하나 던지고 – 34
지붕 – 35
인연 – 36
어부 – 37
종이컵 – 38
매미 – 39
태풍은 나무가 부른다 – 40

2부

푸른 울음 – 43

장미 – 44

청각을 씻다가 – 45

그 여인 – 46

데인 자국 – 47

묵은 친구를 만나면 – 48

새옹지마 – 49

전생에 나는 게였나 봐 – 50

친구에게 – 51

앵두 – 52

눈 – 53

가을 지심도 – 54

빨래 – 56

반성문 – 57

달을 보며 걷다 – 58

혼자 집에 있는 날 – 59

이 봄날에 – 60

지팡이가 되어 – 61

하루 – 62

수탉의 노래 – 64

3부

강구안 – 67
기도 – 68
석탄 박물관에서 – 69
겨울여행 – 70
그가 옷을 입는다면 – 72
뻐꾸기 울고 – 74
청소 – 76
겨울 산 – 77
병원 앞을 지나며 – 78
각자 입으로 각자 말을 하느라고 – 80
열매 – 81
무를 썰 때 – 82
머리 염색 – 83
칠순 잔치에 부쳐 – 84
시크라멘 – 85
매화 보러 갔더니 – 86
벚꽃 – 87
도솔암 요사채 마루에 앉아 – 88
달빛 영양제 – 89
계단 – 90
마애불 앞에서 – 91
동짓날 – 92

■ 해설 | 김학중(시인) – 95

1부

봄은 풀잎을 흔들면서 온다

햇살에 가만히 있는 건 반짝이지 않는다
바람을 받아 이리저리 뒤척이며 빛나고
나뭇잎이 앞뒤를 내보이며 가지를 흔들어대는 것
반짝인다
뭍에서 뿐이랴
바다 위 물결이 얕은 걸음발을 떼고 급하게 내지르며 반짝인 것
저것
강이나 연못이나 졸졸거리며 울어대는 실개천에서 일단 뒤집어보자는 거
물살도 눈이 부시다
언덕 위 노란 물이 가시지 않은 풀밭
여린 풀잎들 저것들도 반짝이자고 뒤채이나
대지에 바짝 엎드려 흔들리고 있다
말발굽 소리를 듣는 인디언의 투명한 고막처럼 바람 한 줄기에도
반짝이나
반짝이나요
서로의 귓볼을 부벼 대면서

길은 문을 만나 끝나고

길은
문 안에 들어서지 않지
달려간 문 앞에서 기다리기만 할 뿐
궁금하여 목을 길게 늘여도
까치발은 창문 앞에서 멈추어 초인종을 누르고

길은
문 앞 거기까지만 낮게 내려앉아
서성대느라 구부러지고
급하게 돌아가다가
한달음으로 내질러버리기도 하지
달음박질은 늘 숨이 차
좁은 건물 사이로 숨어들어 넥타이를 풀고
허리띠를 풀고
분주한 발걸음에 지친 등을 누인다
그래도 밀려오는 피곤함
질척이는 어둠을 창문은 제 덩치만큼만 밀어내는데

길은

문 앞에 누웠다가
술 더께로 더욱 어깨가 야윈 사내
발목을 흔들어
타박하듯 던지는 위로 한 줄기
이 자리 그대로 있으마고 손을 내민다

마늘을 까다

햇살에 바래 부석한 안색 바람벽에서 마르고
내 푸르던 날의 향기로운 바람이 그립다
잎으로 전하던 노래 달아나버리고
마른 모가지로 생의 찬란함을 그려보기도 했다
헛기침 요란한 늙은이 기름기 빠진 수염
속살 부비던 대지를 기억이나 할는지
탯줄을 자르던 그 날부터
한 겹
한 겹
야윈 옷을 벗는 오늘
삽삽한 수다로 손톱 아래 인화되는 그 사연이 궁금하다
쓰지 않아 말라버린 잉크처럼 눈물도 너무 진해 나오지 않는
매운 이야기는
뭔가

민달팽이의 변(辯)

어제 본 담벼락에서 오늘 당신을 맞이하는
그 자리까지 밤새 걸어온 길은 당신의 양팔 길이에 지나지 않지만
얼마나 노심초사 달려왔는지요
성큼 내딛는 당신의 걸음 사이 그
쓸쓸한 바람을 수를 놓아가며 따라갑니다
당신은 발걸음 걸음마다 많은 것을 지나치지만
한 뜸 한 뜸 수를 놓듯 이 세상을 살아가고자 하는 열망이라면
믿어주시겠습니까
흔적을 지우고자 닦아가며 지나 온 길이
숙명처럼 빛을 담고 뒤를 이어 옵니다
내 더듬이는 둔하고 내 앞에 놓인 길은 예측할 수가 없습니다
누군가 닦아 놓은 길로 다니는 당신과 달리 나는
내 길을 만들어야 합니다. 그래서 표시를 해 둡니다
눈물로 땀으로 길을 내어 다져가면서 지나온 길은 너무도
찬란하여 은빛으로 빛납니다

몸으로 쓸며 지나온 길은 밝은 빛으로 내게 위안을 줍니다
 내가 이 빛으로 힘을 얻는 걸 잘 알기에 내 발자국은 나를
 무시하지 않습니다
 길게 한 줄기 띠로 나타난 생애에 나는 눈물겹도록 감동합니다
 소리 내지 않으면 존재감이 없는 줄 알고 계시나요
 무리해서 낸 소리에 혹 다치신 적은 없는지
 당신이 언어에 어떤 강박감을 갖고 있는 건 아닐까
 걱정스러울 때가 있습니다
 침묵은 무시당하고 존재감을 알리기에도 힘에 부치지요
 소리 한 번 지르고자 땡볕에 나섰다가
 따가운 질책의 햇살에 몸이 뻣뻣하게 굳어 갈 때도 있습니다
 가장자리부터 갉아대는 푸른 잎사귀도 아껴가며 조용히 먹습니다
 밤새워 먹고 당신의 눈길을 받을 시간 즈음에

시치미 뚝 떼고 잠을 자는 능청스러움을 느리다고만 할 것입니까

할 일은 고물고물 해내고 새끼 키워가며 역사를 나름대로 써가는 내게

밤사이 이동거리로만 따져 나무라는 당신이 조금은 야속합니다

짊어진 한 뼘 공간도 내려놓았습니다

짐을 벗으면 업장이 조금 가벼워질까

욕심을 버리고 마음을 비우고 소유를 포기하면 다음 생에는

저 광야를 달리는 푸른 말이 될까

묵언으로 수행하고 있습니다

오늘도 오체투지로 이 대지를 성지 순례하는 중입니다

소를 찾아서

저 부처
멍에는 이제 한 몸이다 마른 골격 사이로 보시하는 걸음
운보^{雲甫}의 그림으로 공양한다
들^野은 법석을 펴고
떨리는 워낭으로 끔벅이는 두 눈
새 한 마리
하늘 한 장 접어 날아서 가던 가
낫 끝에 걸린 번뇌
지게로 져 나르는 중이다
쌓인 장작사리가 일찌감치 가부좌를 틀어 열반에 들었다
풍경이 울고
법당은 선정에 잠기어 소리를 삼키는데
끝난 너의 노래 얼굴을 든다
눈물 한 방울
합장

*영화 '워낭소리'에 부쳐

자작나무 그릇

절집 어귀 기념품 가게
집어든 목기가 햇겁하다
왜 이리 가벼워요
자작나무라 그래요

러시아 젊은 의사 지바고가 혁명군에게 끌려간 곳
자작나무 숲이던가
이국^{異國} 풍경 속에 줄기 하얀 나무 늘 궁금했는데
자작나무라고
그릇을 다시금 들여다본다
시베리아만큼이나 먼 나무가 붉은 칠을 하고 시골 가게 한 모퉁이에
먼지를 둘러쓰고 있다니

밤새워 읽던 소설들은 아련하고
남의 사랑에 내 가슴 아리던 시간은 이제
어디로 갔을까
여기
먼지 쓴 그릇으로 돌아왔을까
자작나무 숲
거기 가면 있을까

초록등허리

온 산이 초록 물 천지다
바다의 초록물이 밤새 산으로 올라오더니
두레박질에 고단하다 산은 누웠다
굽은 등을 따라 물 긷느라 지친 등허리 꼭꼭 밟으며 오른다
신경통이 안개처럼 내려앉은 날
아버지도 그랬다
엎드려 있으마 꼭꼭 밟아보아라
색연필 낙서가 벽지를 더욱 낡아 보이게 하는
그 벽을 짚고 아버지 등에 올라서서
잠시 균형이 흔들리다가 몇 발자국 떼면
시원하다고
아프겠는데 자꾸 시원하다고
노동에 눌린 허리를 펴는 것이었는데
끌을 두드리는 망치질 같은 딱따구리 소리
아버지 일이 아직 끝나지 않았나 싶기도 하고
산은
또 밤새 두레박질할 요량
넘칠 거리는 초록
물때 맞추려 물시계를 만드나
딱따구리, 나무에 눈금을 새기고

숟가락

　내 운동 범위는 밥그릇에서 입까지 무한 왕복이다
　이 짧은 왕복을 위해 주인이 얼마나 많은 거리를 달려왔는지
　걷거나
　뛰어서
　저
　눈치 없는 허기
　포만이라는 수위에서 까진 무릎의 생채기를 핥는다
　왕복의 보고서는 배를 드러내고
　하루는 어깨로 또 하루는 발바닥으로 일기를 쓴다
　쓰는 것에 더욱 더 쓰라린 날은 눈물 위에 내가 흘러갈 때이다
　내가 나를 놓치고 흘러가면서
　흘린 눈물 위로 흘러가면서 뜨거운 국물 한 숟갈 꼭 붙들어
　그 지류의 한 자락을 데우고 싶어
　온기를 전하고 싶어

지하철의 아침

떠오르는 햇살을 볼 시간이 없다. 급한 발걸음. 내몰리듯 보폭을 맞춘다. 온도계의 수은이 대롱을 타고 오르듯 숨은 턱 밑까지 차고 튕겨내는 하이힐 소리와 박제된 상냥한 음성. 고해하듯 머리 숙여 흔들리며 젊은이 지금 전쟁터로 나가고 있다. 머리칼은 짧고 거기에 무스를 발라 바짝 세웠다. 전투모를 뒤집어 쓴 헤어스타일, 빛나는 새치, 일찍이 어머니의 뱃속에서 탯줄로 전해 받던 양식, 배꼽의 문은 닫히고 양쪽 귀에 탯줄을 꽂았다. 귀로도 공급받는 전투식량, 두 귀는 열어둔 채 아직 덜 깬 잠, 머릿속은 한참 적진을 공략할 작전 회의 중이다.

집어 드는 무가지^{無價紙}, 읽는 손도 흔들린다. 같이 출렁이며 활자를 훑어내는 시선, 그 시선 한 번 지나면 신문은 신문이 아니다. 사냥감이다. 백발이 성성한 사냥꾼들, 반짝이는 눈동자가 선반 위로 달린다. 약속한 듯 양쪽으로 달리는 발걸음, 한 부라도 빨리 안아야 한다. 이 나이 먹도록 이렇듯 소중하게 사냥감을 안아본 적이 없다. 젊어 한때는 땅 위에서 호령했다. 열심히 달렸다. 그 발자국 따라 너희가 뛰고 있구나. 오랜 시간 달린 발걸음, 흔들리는 차 안에서도 너희가 버린 것 쓸어 담으며 우리는 달린다. 파도인 듯 넘실거린다. 뒤통수에 꽂히는 시선, 안쓰러워 마라. 다른 칸에서 누가 가져가지만 않았으면 하는 바람일 뿐, 이런 기도는 쉬이 들어 주시리라. 한 발 늦은 주자, 빈 선반을 훑다 말고 옆 칸으로 발걸음을 옮긴다. 손에 쥐고 있던 신문을 슬그머니 선반에 걸쳐놓으며 내릴 준비를 하는 나이 든 사내, 깨끗한 와이셔츠 깃에 내려앉은 단단한 암호, 오늘도 무사히, 각자의 어깨에 할당된 포획량을 되새기며, 우리 모두 이 긴 통로를 지나 지상으로 올라서는 순간,

   각자의 작전계획에 따라 전투에 임하기 위해
   숨을 고른다.

콩을 고르며

소반에 한 됫박 쏟아 놓고
지문으로 안부를 묻는다

봉투를 벗어나며 자락 거리는 눈망울
점호 받는 신참 졸병처럼
차렷
단단한 차림으로 선택을 기다리고 있다

어디 한 점 상처 난 곳이 없는가
긁혀 부서지지는 않았나
뙤약볕 아래에서 견딘 그 시간
호미 날에서 끝나던 잡초
할머니의 굽은 등으로 내려앉던
따가운 햇볕
지나던 바람
목이 타던 때도 있었다
한 알에 한 마디 야문 다짐을 듣다가
지나온 시간은 쓸데가 없어 상 아래로 훑어 내리고
살아남기 위해 견딘 뜨거운 날들을 생각해 본다

노을에

오늘도 피 터진 하루 말갛게 씻어 널었다

고단한 빨래에 배인 핏물 가시어
내가 내 그림자를 끌어야 하는 시간
일상은 잠시 엄숙해지는데

경례하듯 능선을 지나는 새 떼

밀레의 그림에 갇혀 영원히 기도하고 서 있는 이
이리로 나오라
나오시라

붉은 강 하염없는 여울에 술 한 사발 부어 놓고

꼭 그래야 할 것 같은 시간에

섬

산은 전부터 늙어 있었다
도리 없이 옷을 자주 갈아입었다
젊음이 푸름이라고 배운 사람들이
산이 늙은 줄 모르고 세월이 갔다

푸른 산 아래 흐르는 강은 하루하루 푸르렀고
푸름이 젊음이라고 배운 대로 강은 젊었다
강은 젊음을 실어 나르는 줄 모르고
세월이 갔다

어느 날
산은 제 그림자를 보다가
강물에 젊음이 잠긴 것을 알았다
강물을 따라 가보았다
그 끝은 바다
돌아갈 수 없는 산은 섬이 되었다
후회일까
발부리를 철벅거리며
내내 울었다

지난가을부터 올봄에 이르기까지

국화를 보러 가도 사람 꽃이요
갈대밭을 거닐어도 사람 밭이요

대숲을 지나도 사람 숲이요

매화 아래에도 지천으로 널린 꽃
사람 꽃

벚꽃 깨어
벚꽃 피어나면
그때도 피리라
꽃 따라 피는 사람 꽃

바다에 돌멩이 하나 던지고

꼿꼿한 빗줄기 바다에 들 때
작두날에 탐박탐박 끊기듯 물속으로 빠져들더니
빗줄기 누워 동그라미를 그리다
뒤척일 때마다 삭이지 못한 아쉬움은 물결로
되돌아오고

우체국 창문에서 지켜본 그림 안으로
행인 1, 2 역할만 한 나는
필름이 낡아 빗줄기를 그릴 즈음에야
그리는 것이 그리워하는 것임을 알았네

외로움에 닳은 몽돌 납작한 놈으로 골라
물수제비뜨듯 생은 건너 뛰어가고
비릿한 변명 한마디쯤은 해야겠는데
이미 수평선쯤에나 닿아버린 그 시간
몽돌 하나 던지고
던지고

지붕

세상에서 비 맞지 않는 지붕은 없다
바람에 엎드리지 않는 지붕은 없다
눈발에 맞서 내어주는 아버지의 등
그 지붕이 이제 굽었다

인연

 바닷가에 서면 물살은 그냥 떠나지 않는다 내 발길 아래에서 한참 동안 맴돌며 인사를 건넨다 우리 아는 거지요 우리 만난 적 있지요 아무 생각이 안 나 생각 그것마저 씻어버리고자 선 내 발아래에서 기억을 헤살 펴 준다 산길에서 어깨를 적신 빗방울이 아니던가 개울 어디쯤 정성스레 두 손을 씻어준 적도 있었지 깊은 계곡 바위, 바위. 소용돌이치며 담근 두 발 사이로 흘러내리기도 했었지 부서진 달빛 사이로 한숨도 담아 씻어가던 나 아니었던가 먼 시간 지어진 인연을 알지 못하고 스친 것이 얼마나 많을까

 무심한 내 눈길에 민망한 듯 물러갔다 다시 하얗게 다가오는 파도 수평선 너머로 가버리고 말면 구름으로 한 번 만날까 언제 그대 어깨 위에 내려앉는 빗방울이 될까 한 자락 인연의 끈을 놓칠세라 물결은 되짚어 다시 묻는다

 우리 만난 적 있지요

 우리 어디서 만난 적 있어요

어부

 그물은 손질이 끝났다 배를 띄운다 나가보자 적당한 곳에 그물을 내리자 그물만을 믿을 수가 없어 낚싯대도 드리워야지 물살이 적당하고 수심의, 떡밥도 개어야 한다 입질이 늘 있는 것은 아니다 기척이 있을 때 낚아채어야 한다 짜릿함, 손맛을 본 경험은 잊을 수가 없다 물에서 반짝이는 비늘, 다치지 않도록 건져내어야 한다 고기, 물고기, 물속 유연한 몸짓 그대로 옮기고 싶다
 바람, 그것이 중요하다 순한 바람이 아가미로 깃들어 마음을 열어라
 눈앞에 고물거리는 미끼
 물어라

종이컵

 한 모금 커피를 입안에 털어 넣기 위해 네 입술에 닿을 때 나는 곧 구겨질 운명임을 안다 이내 버려질 것을 안다 해도 내 몸이 흐느적거릴 때까지 온기를 감싸고 견디어본다 네 입술을 잠시 스친 죗값으로 구겨져 쓰레기 속으로 던져질지라도 너 하나 추억하는 것으로 나는 후회하지 않을 것이다
 진정 세상을 향해 할 말이 있거나 서러움에 한기가 들 때 촛불을 안고 흔들리는 불빛을 안고 세상을 향해 멍든 속을 달랜다 바람 앞에서 의연한 품속이 되어 눈물을 닦아주고 소리를 지른다 드높은 소리로 바람과 맞서 간절한 기도를 드린다
 육신을 달구며 너의 눈길 한 줄기에 모두를 건다 충분하다 네 얼굴에 따스한 눈길을 보내는 것만으로 충분하다
 내게 담겼던 모든 것들이여 건배
 소리 내지 않아도 깊은 울림으로 건배
 한때는 뜨거웠다가 한숨으로 부르튼 내 사랑에 건배

매미

받아쓰기하다
쌍시옷 받침 하나 틀려 매를 맞았거나
짝지가 연필 꼭지 물고 있는 걸 보고 가르쳐 준다거나
누군가 욕하고 싶은데
체면상 다 입에 올리지는 못하고
접두사만 읊조리거나

치열한 집중

태풍은 나무가 부른다

지구를 들어 올리고 싶다
포크로 과일을 집어 들 듯
삼지창보다 세심하게
지구 저 밑바닥으로 가서
불끈 들어 올리고 싶다

땅속 깊이에서 서두르는 뿌리
대지는 꿈쩍하지 않는다
이파리, 저들끼리 눈치는 나눌수록 은밀해지고
가지는 욕망을 부풀려 어깨가 휘청거렸다

지구를 들어 올리고 싶다
때때로 바람의 충고는 흘려도 좋을 듯
대지를 박차고 한 길쯤 뛰어오르다
흔들기도 했다

태풍이라니
그 바람 속으로 달리고 싶다

2부

푸른 울음

대숲에는 지난가을 노래가
푸른 잎에 달려 있다가
사람들 숨결에 우 우 떨어졌다
밖에는 봄이 오지만
바람도 갇혀 뱅뱅 돌며 줄기를 닦고
삼킨 울음이 마디가 되어
빈속을 지키고 있었다

장미

가까이 오지 마
만지지 마
손톱을 세운

겹겹이 껴입은 옷자락
무엇이 들어 있나 숨기고 싶어

들여다보면 눈물 한 방울

밤새 울었나 보다

청각을 씻다가

온통 초록빛 피
혈관이 피부, 서로 엉킨
기밀 흘리기 없기
체에서 대야로 대야에서 소쿠리로
곤두박질치며 꼭지에서 쏟아지는 물살
몸뚱어리 푸른 멍이 드는데
노래는 메아리를 만나 푸른 시옷
더 푸른 지읒
시 시 시
지 지 지
심연의 비밀은 자꾸 헝클어져
가지에 가지
귓속으로 엉큼한 소리가 흐르고
짠물을 토할 수가 없어
시 시 시
지 지 지

그 여인

땡볕에 물든 얼굴
바람이 비껴갈려나 눌러 쓴 수건 한 장
김이 나는 양푼 대야
냄새는 구수하다
실을 자아내고 껍질로 남은
종이컵에 담긴 번데기
건네는 손은 더 까맣다
속 다 내어주고 껍데기만 남은 여인
파는 이나
사는 이나

데인 자국

다림질을 하다 팔 안쪽이 데었다
홍갈색 껍질이 꾸덕하다
살살 달래며 껍질을 벗긴다 신중한 손끝, 붉은 피부가
나는 화상자국이에요
이제 시간에 맡겨야 한다
이만치 와보니 알겠다
옅어지는 게 세월이단 걸

묵은 친구를 만나면

오래전 읽었던 동화 속에서
잠시
눈동자가 하품을 하고
전에 살던 골목에 다시 온 것 같이
사뭇 사뭇 기억 속은 맑아 오는데

묻지 않아도 너는 보이고
대답하지 않아도 나도 보이려니
할 말이 없어 눈으로만 웃고
사는 이여
너와 나는 같은 치수로 자라
이제 어긋나는 눈금으로 서로를 재나

새옹지마

그래서 그랬는데
그럼에도 불구하고
그럴 것 같지 않아서
그게 그렇게 될 줄이야
그러다 보니 그럴 수밖에 없는 것이
그토록 그랬지만
그만 그렇더라고
그래도 그럴 것까지야
그런 걸 어떡하니
그대로 두고 볼 수밖에
그리고 다들 지내는 걸
그러니
그렇게 그렇게 안 될까

전생에 나는 게였나 봐

건드리면 구멍으로 숨어
걷는다는 것이 삐딱하기만 해
천생 게였나 봐
틈은 늘 좁기만 해
엎드렸다 갯벌로 파고드는 분노
집게발을 흔들다가 거품으로 저 혼자 몸을 축내고
늘 그쯤에서 서성거려
몇 발 짝 떼지 못하는 도주
뒤늦게 냄비 속에서
붉은 반항을 꿈꾸어 보는
소심한 발산
나는 게를 거쳐 왔나 봐

친구에게

이른 봄 목련은 꽃부터 핀다
잎보다 먼저 핀 꽃을 아무도 나무라지 않는다
길고 긴 겨울의 늪에서
한 움큼의 봄으로 망울 터트린 꽃잎이다
그 꽃잎 같기만 한 눈으로 세상을 보면
문득 다가서는
머리 위의 말씀이 들리지는 않는지

늙은 시인의 한숨 같은 시를 읽고
숙제인 양 쓴 편지는
낡은 북처럼 공허하게 울고
삶의 여울을 지나는 야윈 팔놀림
그 개울에 버려진 한 짝 고무신이다

하여
꽃잎 같이만 사노라면
한 조각 봄은 따사로이
너의 그 언 말들을 데우리니

앵두

―앵두를 앵두라고 이름 지은이에게 감사하며―

앵두
너는 앵두일 수밖에 없다
초여름 저녁 시원해지는 바람을 말해 줄 수 있는 이
연둣빛 잎사귀 뒤에서
뽀로통하니 오므려 붉게 빛나게 할 수 있는 이
연한 속살 하나로 첫사랑의 감미로움을 되돌릴 수 있는 이

니가 앵두여서 나도 앵두이다
서러움을 깨문 듯 시려오는 가슴
입안 가득 몰려오는 슬픈 변명
누가 들잘 것도 없는 서투른 핑계
너 때문이라고
너 때문이라고

눈

자고 나니 눈이 와 있다
밤새 내 꿈속으로 들어오지 못하고
밖에서 꽁꽁 얼어 있다
나도 자느라고 몰랐다
너 온 줄 알았으면 내다봤을 걸
많이 외로웠겠다
반짝이는 눈물만으로 인사가 안 되어
질척거리는 가슴
네 마음 안다
말 안 해도 안다

가을 지심도

아직도 동백 붉은 입술이
그대를 부르는지
솔 비늘 뚝뚝 떨어진 길
지난 시간 들추지 말자
이불 둘러쓰고 보던 야한 소설 한 권 쯤 풀숲 어디에서 나부끼지 않을까
이브의 둥지를 꿈꾸듯
섬은
원시를 그리고 있다

바다 건너온 바람에 속살 헹구는 벼랑
태풍의 쓰린 유물이 된 나무둥치 절벽을 오른다
수평선을 향해 각도를 재려는가
억새, 그 도리질에 속지 않기를

두부모처럼 반듯한 선착장 끝으로
뭍에서보다 더한 절박함이 너울거리는데
벙거지 쓴 사내 하나
낚싯대를 드리우고 있다

동백,
저
생의 미끼

빨래

훌훌히 속을 비우고
시린 샘물에 정히 헹구어
단단히 지표를 딛는 장대
삼끈보다 질긴 인연의 동아줄로 이어
연륜의 주름 세세히 펴인 자락

화사한 해바라기

무심으로 시간을 반추하는 바람에
거품 일으켜 용솟음치지만
거꾸로 깨무는 알파벳의 첫음절
방황으로 읽다가
순종으로 쓰다가
일몰을 개키고 낮은 음성으로 내려앉는

한 닢
빨래되어 살다

반성문

이즉이 교회가 보이는 창가에 앉아
회오의 반성문을 쓴다
타지 않는 벽돌로 크게 지은 집
십자가 첨탑은 저리도 높아
서투른 기도는 닿지를 않는다
충실한 청소부 가지 털어 낙엽 쓸 듯
소망의 갈피를 야위게 하여
공손한 타협으로 복음처럼 내리는 처방

다 내 죄로 소이다
다 내 죄로 소이다

달을 보며 걷다

 오랜만에 연극을 보고 집으로 가는 길
 어둠이 짙다
 바닷가 집집이 창문으로 넘치는 불빛
 물결에 흔들리고
 별 없는 하늘을 보다
 안경 벗은 눈에는 대여섯 개의 바가지 제멋대로 포
개어지고
 따로 떨어진 하나 어둠을 푸레질하느라
 물결 위로 분주히 추썩대고 있었다

혼자 집에 있는 날

바람소리 고층아파트 골 사이로 흐르고 문짝은 심심한 심사 지 맘대로 열렸다 닫혔다 손잡이 당겨 제자리 꼭 눌러 앉히는데 어디서 왔는지 자꾸 쫑알거려 알아듣지 못하는 귀 손가락으로 후비고 아이들 소리에 건너 사찰 난간에 청사초롱 달린다 하늘은 말간 얼굴로 피뢰침에 구름 한 자락 걸쳐놓고 저 초롱 어디로 달리나 보자 물살 거스르는 숭어 떼가 지나간다 청색 지느러미 저러다 잡히지 바람 부는 날 창 너머로

이 봄날에

목련
하늘에다 종주먹을 들이대더니 제풀에 녹아내린 날
개나리
머리를 풀어 헤치고 나더러 어떡하라고
어떡하겠냐고
산그늘 얼레지
치마 속을 훌렁 벗더니
산자고
너 혼자 앙큼 떨지 마라
마라 마라 마라
비누 거품처럼 일어난 벚꽃
휘파람을 불어대는데
저고리 깃 여미는 진달래 살짝 보이는
길가 동백꽃
시멘트 도랑으로 붉게 흐르고
얼음 박힌 발 아랫목 이불 속에 들면 어쩌지 못하듯
온 산이
들판이 얼음 풀리는 몸살
저리도 색 곱게 앓고 있음을

지팡이가 되어

산길에 쓰러져 있을 땐 몰랐다
내가
그대의 발길을 끌게 될 줄은
발지국마다 한 걸음
한 걸음 내디뎌 보려니
이제
내 짚어 온 대로 디뎌오시게
그대로 믿어 보시게

하루

등짐으로 져 올린
부신 햇살로 아침을 열고
깨인 아침을 온 가슴으로 맞아
정성으로 펴놓은 식탁에 나리는
보람된 은총

언저리에서 맴도는
잿빛 언어를 헹구어 널고
정갈한 소망으로 다가앉는 직녀의 자리

그 넓은 가슴의 씨줄
내 여린 심성의 날줄을 자아
지성^{至誠}으로 평직 된 천
따사로운 포대기로 지어
싸안아 보듬는 우리의 바람

햇살처럼 번져오는 미소는
아침의 꽁무니에서
또

다른 시간을 열고
알알의 정이 주렴 되어 드리워지는
하루

수탉의 노래

수탉이 운다
대중없이 곧잘 지르는 소리
새벽이여
새벽이여
수탉이 운다
험상궂은 성대 목소리는 이미 잠겨 있다
(수탉은 안질로 때를 구분하지 못하여
수탉은 고뿔로 목을 다듬지 못하여)

원초^{原初}의 시대에서 울음 울어 온 새벽이
이젠 의미가 없다
불러들이는 시간이 감히 새벽이기를 바라지 못함에
일몰의 여운을 뚫고 들리는 수탉의 노래
무엇 때문일까
무엇을 위해서일까

3부

강구안

짱구머리 옆집 아이 별명이 원양호 싼판이었다
원양호 다니다 금성호가 다니던 뱃길
부산에서 오노라면
어떤 날에는 환한 날에 닿고
어떤 날엔 깜깜한 밤이었다
원양호나 금성호나 뱃멀미가 나기는 마찬가지
집에 와 누워도 방바닥이 울렁거렸는데 가멀미라고
했다
강구안 물결은 그때나 지금이나 여전히 출렁거리는데
세월에 가멀미하는 나이
부산 배를 타지 않아도
어떤 때엔 환하고
어떤 때엔 캄캄한
강구안
강구안

기도

어쩔까에
어쩔까예

어쩔까예

괜찮다
괜찮다 괜찮다

석탄박물관에서

수직 400미터 지하로
바람보다 빠르게 엘리베이터가 달린다
정돈된 폐허
노동이 박제가 된 현장
신산한 삶이 구경거리가 되어 있다
어둠을 밝히는 석탄을 캐고
한기를 달래는 석탄을 캐고
피를 팔아 피를 짓는 빵을 사듯
절망을 캐어도 끝나지 않는 절망
검은 육신을 위로하듯
사진 속에서 하얗게 웃는 이

갱목으로 버틴 삶
보낸 상처가 새삼 아프다
그 밤은 왜 그리도 추웠을까
스웨터 성근 올 사이로 스며들던 바람
이제 연탄집게 내려놓은 시간
아직도
불구멍을 열어라 닫아라한다

겨울여행

강은 슬며시 눈을 밀어내고 흐른다
시멘트 포장 길가
쓸어놓은 눈이 하수구에 모인 세제 거품 같다

벗은 나무는 겨우살이를 들키고
고만고만한 중년의 남자 여자 고개를 젖혀
값을 매기며 요란하다
불로장생을 꿈꾸는 진시황의 후예들 오래 살아라
오래 살겠다
오랜 생은 축복인가

꽃 떠난 연 밭
씨 여물리던 연밥도 사라진 마른 줄기
흰 도화지에 편지를 쓴다
성근 나무로 띠를 두른 능선 너머
마실 나온 바람이 뒷짐 지고 편지를 읽는다

앞산보다 더 조용한 기념품 가게
양파 망에 담긴 겨우살이

인사 삼아 가격을 묻고
머플러 두르듯 하얀 띠를 두른 강
그냥 지나간다

그가 옷을 입는다면

 아마존의 어느 마을 그 남자 그 여자 옷을 입는다면 천을 짤 것이고 바느질을 해야 하고 옷만 입으려니 신발이 필요하고 신발장이 필요하고 구두에 운동화에 산에 오르려 등산화도 필요하고 옷 입고 신발에 가방이 필요하고 모자에 허리띠에 속옷에 겉옷 예복 작업복이 필요하고 비누가 필요하고 하다가 힘이 들어 세탁기가 필요하고 옷걸이가 필요하고 옷장이 필요하고 옷 방이 필요하고 큰 집이 필요하고

 더 좋은 옷이 필요하고
 더 좋은 신발이 필요하고
 남보다 비싼 가방이 필요하고
 더욱더 큰 집이 필요하여

 왜 옷을 입었는지도 모르고
 왜 신발을 신어야 하는지도 모르고
 왜 더 비싼 가방이 필요한지도 모르고
 열심히 돈을 벌어야 하리라
 돈을 버는 밀림은 더욱 거칠어

가끔, 또, 늘
마음에 구멍을 뚫어야 할 때도 있으리

*뿌뚜루족은 '아마존의 눈물'이라는 제목으로 TV다큐멘터리로 소개되었다. 나체로 생활하며 아랫입술을 뚫어 뿌뚜루 나무로 만든 막대기를 꽂아 종족표시를 한다고 한다.

뻐꾸기 울고
−산청 함양사건 추모공원에서

남명이 큰 종으로 세운 산자락
휘파람 나는 산새의 날갯짓까지 거들어 한 번
세차게 울어야 했다

그날
모두가 미쳤던 그날
들판이며 골짜기 언 땅 구덩이에서
내 새끼는 살아야지
머리통을 땅바닥에 붙여라 자꾸 쥐어박고
붉은 방탄복
어미의 피로 아들은 살아났다는데
마지막까지 내 새끼 내 새끼
시퍼런 불길을 뿜은 그 눈 어찌 감았을까
한쪽 눈을 감고 총부리를 겨눈 그들도
어미의 새끼인데
무서웠을 텐데

돌비렁 비탈길에 굽은 나무 한 그루
바람 날에 북채를 깎아

종을 쳐야지

딸꾹질하듯 뻐꾸기 울고

청소

세상에서 가장 힘든 청소는 내 안의 너를 쓸어내는 것이다
지워도 너는 그대로 있고 닦아도 닦아도 흔적을 남긴다
달팽이처럼 지나온 길을 되돌아본다
은빛으로 빛나는 자국
저렇게 끌고 왔구나
기억은 촘촘히 수를 놓았고 뜯어내도 실밥은 물려 있는데
지우고 쓸어내도 바늘구멍으로 남은 날들
다시 수놓아야 할까 보다
치워지지 않아 채워야 할까 보다

겨울 산

마른 머리칼
벗겨진 허물 들춰보면 시린 입김뿐 인걸
언제 온기 돌아 다정해지려나
바위 하나 검게 얼었다
노란 잔디 위로 찬바람이 구르고
베어진 대나무 해바라기 하다가
잔디 빛으로 물들어 있다

시린 걸음 발자국 자국마다 잠을 깨우나
언 땅이 몸 푸는 소리
기지개 켜는 소리
꽃씨 잠 깨라
깨어라

병원 앞을 지나며

이전에 내가 입원했던 병원 앞을 지날 때면
눈길은 저절로 옥상을 향한다
링거병에 묶여 좁은 병실을 서성이다가
억울해서
이 좋은 날씨에 이렇게 갇힌 게 억울해서
팔뚝의 주삿바늘과 어설픈 환자복과
집에서 갖다 놓은 고물 TV와 냄비 등속이 초라해서
그 안의 나는 더 초라해서 달아나고 싶은 심정으로
링거병을 둘러매고 옥상으로 나갔지

이윽이 거리를 내다보면
햇살은 어느 때보다 찬연하고
이상李箱처럼 사람들은 붕붕 날개를 단 것 같아
차를 타고
오토바이를 타고 어디로들 가는데
빠삐용의 옷과도 같은 환자복을 벗고
저들의 일상으로 달려가고파
하염없이 내다보던 거리

〈
요즈음 그 병원을 지날 때면
저만치 보내는 편지
너무 부러워 말라고
완전해서 이렇게 다니는 것 아니라고
잠깐 운명의 실타래가 엉켰을 뿐
숙제하듯 찬찬히 풀어 다시 감다 보면
훨씬 커진 마음으로 세상이 보이더라고

각자 입으로 각자 말을 하느라고

　표준어가 필요하다고 정해 놓아도 저들끼리 통하는 말만 해대고
　뱀이 나왔다가 비늘이 목에 걸리고 구불거리는 말은 재미없지
　탄산수에 멱 감은 언어도 필요해
　자를 들고 돌아앉아 눈금을 새기는 사람
　세상을 재단하느라 바빠 바늘땀으로 옆구리 쑤셔대는데
　비단 같아라 부드럽고 달콤해라
　밑줄 긋고 땐땐 표시하라고 저마다의 우주가 흔들리고 있다

열매

사는 게 서툴러 터벅거려도
대지에 뿌리박힌 어쩔 수 없음을 탓하지 않는다
제 깜냥대로 사는 세상
살아내느라
대지를 자아올리는 숭고한 노동
가지에 열매 다는 순간
영그는 알맹이로 살아 있음을

아직도 서툰 삶
너를 깨문다

무를 썰 때

   도마 위에 놓고 몸통을 나누어서 세우거나 옆면을 한 겹 썰어 다시 눕히거나 일단 칼날이 서야 된다는 거다 칼이 무의 속살을 헤집어서 얇은 실핏줄이 드러날 때 동그란 낮달의 모습으로 도마 위에 눈물처럼 한기 도는 눈물처럼 드러누워 나뭇결에 붙어 있을 때 왜 생각이 났을까 무뚝뚝하다고 뚝뚝하지 않으면 깍두기로 태어나지 않는 거지 둠벅둠벅 나누어지는 하얀 고깃덩어리

   푸른 잎사귀는 태양을 사랑했으나 내 속셈은 어두운 땅속을 헤매고 있었던 날 하얀 육신은 하늘을 잊고 푸른 청은 하늘로 향하는 시간이 가고 통째로 쫓겨난 대지의 기억을 물살에 지우고 칼날에 몸을 맡기고 있다

   설보면 내불뚝 니불뚝이지만 감겨드는 제 속내는 그렇지 않아

   무뚝뚝하다고 하지 말기를

머리 염색

티비 홈쇼핑 보다 말고 딱이다 싶어 주문한 머리 염색약
받은 지 여러 날
한구석에 밀쳐두었다가
낯선 벌레 만지듯 뚜껑을 연다
사느라 기운 빠지는 그래프가 머리카락에 나타나고
애써 물들이는 건 그래도 살아보자는 것인데
젊음도 피곤할 때가 있었지
돌아가려면 절대 가지 않을 것이다
배움이 끝인가 하는 날

새삼스런 미술시간
수업 종이 울렸다

칠순잔치에 부쳐

일흔 번의 목련이 피고
칠십 번 해바라기가 피고
일흔 번 코스모스 동백이 흐드러졌다는 이야기이다
목련하고 동무하여 벚꽃은 또 얼마나 나리고
해바라기 씨 여무는 날
태양은 얼마나 따가웠을까
여린 꽃잎 하늘 우러러 그 많은 기도는 어디쯤 고여 있을까
동백 저 혼자 붉은 거 아니지
천둥에 맞고 바람에 치어
제 상처 도저히 감출 수 없는 날
뚝뚝 흘린 눈물이리라
그래도 세상은 눈물 씻어주는 비가 내리고
목련 다시 뽀얀 얼굴로 문안드리고
자글거리는 태양에 해바라기 고개 숙여
안부를 여쭈어 오면
그대
늘 그 자리에서
그 모습 그대로만 계셔주시길

시크라멘

내 손톱에 가까이 오지 마라
빨리 마르지 않는 싸구려 매니큐어
열기의 땅에선 붉은빛이 어울려
짙은 마스카라를 지탱할 손톱이 필요해
하늘을 가리키는 끝이 바랜 간절함
저 바람을 다 잡아야겠어
그래야겠어

매화 보러 갔더니

섬진강 가로 매화 보러 갔더니
꽃은 구름이 되어
하품하는 꽃구름 아래
소리로 존재를 알리는 사람 떼
꽃에게 구경을 시키고 있다

소리에 지쳐
가지에 늘어지는 꽃
지나가는 버스 안을 들여다본다
눈이 마주쳤다
반갑고
부끄러웠다

벚꽃

웃고 있는 저 꽃
찬바람 걸러 마시고 입김 피워 피었다
보일라
보일라
봄이다
환장하는 가슴 사이로 얼비치는 속내
여린 웃음 속에 감춘 꿍꿍이
야무지기도 하지
꽃잎 쏟아지다 몰아쉬는 숨결이 저리 더운가
돌아앉는 여인
가리라
가리라
가을이 오면
헹구어 낸 흔적마다 붉게 멍들 것을

도솔암 요사채 마루에 앉아

치자나무 흰 꽃 올린 날
꽃잎 여느라 곤한가
푸른 잎에 업혔다
안개는 빗질로 머릿결을 다듬어
까치 한 마리 종종거리는 마당
널마루에 앉아 빗소리를 센다
추녀 끝 낙수 자갈밭에 튀고
뭍으로 오른 죄를 묻는가
바람에 시달리던 풍경
오늘은 휴식이다
한가락 향이 빗줄기에 실리고
비를 보다가
듣다가
치자 꽃잎
하얀 얼굴로 드러눕고

달빛영양제

심야 버스 타고 남쪽으로 달리는 길
달도 차창에 걸려 따라온다
산은 허리를 꼬고 누워
햇살에 익은 상처를 식히는지
달빛으로 물결은 넘실거리고
먹 감으면
내 쓰린 흉도 나을까
어려서도 못해 본 어리광
문득 부려보고 싶은데

계단

옆으로 쓸어내리는 머릿결이 눕는다
붉은 혀는 기둥을 싸고 돈다
서서히 달아오르는 심장
거짓말이 목마를 한다
사다리가 되는 긴 혀
계단이 되는 긴 혀

마애불앞에서

정 끝에서
망치 아래에서 얻은 것은 무엇인가
무엇 그리 깎아댈 것 있다고
보여도 못 본 척하고
들어도 못 들은 척
하고 싶은 말 삼키다 보면
미소만 남았다

동짓날

새알 하나에 새봄을
새알 하나에 새날을

나이는 무거워지고
바람은 가벼워지는가

팥죽 한 그릇 먹고
소망으로 띄우는 붉은 편지
건강하소서

■□ 해설

물살이 일으키는 빛나는 순간, 물의 이미지와 회상의 힘

김학중(시인)

1. 이미지는 회상한다

지난 2000년대 초반의 시단의 흐름은 정념적 시적 주체의 분열적 발화와 미학적 정치성의 경향을 추구하는 시적 주체의 발화를 거쳐 이미지와 리듬의 정동으로 변화하는 모습을 보였다. 최근에는 소수자들의 시적 발화와 여성주의를 다양한 시적 지평에서 적극적으로 발화하는 경향으로 나아가는 모습을 보였다. 여기에 디졸브 기법 등을 비롯한 영상매체를 차용한 영상조립시점과 같은 창작기법들이 도입되어 다양한 주체들의 발화를 한 편의 시에서 몽타주하는 양상을 나타내고 있다. 그런 점에서 2020년대에 이른 지금 우리 시의 지형은 시적 주체의 발화와 리듬의 다양성으로 요약할 수 있는 모습을 보인다고 하겠다.

이런 시적 영토의 변화 속에서 유담이 내놓는 첫 시집『각자 입으로 각자 말을 하느라고』은 최근의 우리 시의 다양성 추구의 경향과는 거리를 두는 모습을 보인다. 우리는 오히려 유담의 시집에서 우리가 오래전에 이별하거나 어딘가에 두고 떠나온 언어의 세계가 다시 우리 언어의 시적 지평 속으로 흘러 들어오는 모습을 본다. 이 흘러듦 속에는 시적 언어가 본래적으로 세계를 포옹하는 방식이었던 서정의 물결이 자리 잡고 있다. 우리가 낡고 오래된 것이라고 치부했던 것들, 그래서 그 자리를 박차고 떠나온 것들, 그럼에도 묵묵히 자기의 자리에서 세계를 마주하던 언어가 거기 있다. 세계의 자아화라는 서정의 가장 근본적인 시적 지평 말이다.

서정이 세계의 자아화로 이해될 때 우리는 이러한 서정의 지평이 지닌 동일성의 차원에 대해서 비판적으로 다루어왔다. 서정에 대한 비판은 세계를 자아의 언어적 이미지로 동일화할 때 주체가 타자를 타자화하는 폭력성이 드러나고 있다는 것에 근거하고 있다. 이는 문명이 자연을 인간의 입맛에 맞게 개발하고 이를 통해 이익을 창출하는 자본주의의 폭력성과 맞닿아 있기 때문에 커다란 설득력을 가지고 있었다. 인간 주체에게서 타자들인 영역에 속한 것들을 인간 주체의 투명성의 지평에 두기 위해 타자성이 지닌 부정성을 제거하는 폭력적 방식이 바로 우리가 살아가는 신자유주의 자본주의 체계의 동일성이었기 때문이다. 그러나 인간 주체의 동일화의 원리가 곧바로 시적 영토에서 동일한 원리로 작동되고 특히 서정의 영역이 그러한 원리로 작동하고 있다고 생각하는 것에는 동의하기 어려운 부분이 있다. 그 이유는 유담의 첫 시집에 수록된 시들을 읽다보면 자연스럽게 생각나게 된다. 왜냐하면 서정이란 기본적으로 세계의 자아화만이 아니라 세계와 자아의 조응이 자리하고 있으며 세계와의 조응을 통해서 우리의 시적 주체가 재생과 순환이란 세계의 비밀 속에 내재해 있는 존재라는 것을 통찰할 수 있게 되기 때문이다. 즉 세계와의 끊임없는 조응을 통해서 존재의 근원적 속성을 생기하는 지평과 마주하는 일이 서정의 시적 지평 속에 놓여 있기 때문이다. 이러한 존재론적 회상의 지평이 주체로 하여금 동일화의 실패를 마주하고 세계가 지닌 근본적인 부정성을 마주하는 존재의 윤리를 환기하기 때문에 서정은 단순한 동일화의 차원으로 추락하지 않는다. 신자유주의 주체의 동일화에 저항하는 주체는 그런 점에서 이미 서정에 내재하고 있었다는 말이다. 이러한 시적 주체의 회상이 지닌 가능성은 물론 시적 언어를 통해서 나타난다. 언어는 이미지라는 질료를 통해 이미 이러한 부정성을 포용하는 방법을 보여주었다. 왜냐하면 세계는 이미 이미지가 아니기 때문에 이미지란 바로 우리가 마주한 세계가 우리에게

선사하는 이러한 부정성을 마주하는 방식이었던 것이다. 이미지는 결코 투명하지 않은 언어 질료로 우리 앞에 나타난다. 이러한 이미지에 대한 질료현상학적 사유를 통해서도 우리는 서정의 시적 주체가 부정성과 마주하기 위해 이미지를 활용했음을 이해할 수 있다. 이미지는 세계가 지닌 부정성을 회상한다. 이것이 서정의 시적 영토가 지닌 근본적인 차원이다.

2. 물의 이미지가 만드는 리듬의 인연

유담의 시는 서정의 시적 영토에 발 딛은 시적 언어를 활용하여 자신의 시세계를 펼쳐내는 모습을 보인다. 특히 이미지 회상의 지평을 물의 이미지를 통해 열어내는 모습이 인상적이다. 물은 투명하면서 동시에 불투명하며 무게와 깊이를 지니는 것을 통해 다양한 지평에서 다양한 모습으로 현현한다. 이 물의 이미지로 세례를 받은 시적 언어에는 재생과 순환의 세계성은 물론이고 시간마저도 물의 이미지를 통해 나타나게 된다.—우리가 물시계를 통해 세계의 시간을 측정하려 했다는 것을 떠올려 보라. 여기서 물은 시간의 흐름을 나타내는 동시에 시간의 순환과 재생마저 현시한다.—그래서 이 물의 이미지는 각자의 입으로 각자의 말을 하면서도 하나의 세계로 나타나는 순간을 우리 앞에 도래시킨다. 물의 이미지가 발화하는 장면을 통해 유담은 우리가 세계와 연결되어 있음을 보여준다.

> 바닷가에 서면 물살은 그냥 떠나지 않는다 내 발길 아래에서 한참 동안 맴돌며 인사를 건넨다 우리 아는 거지요 우리 만난 적 있지요 아무 생각이 안 나 생각 그것마저 씻어버리고자 선 내 발아래에서 기억을 헤살펴 준다 산길에서 어깨를 적신 빗방울이 아니던가 개울 어디 쯤 정성스레 두 손을 씻어 준 적도 있었지 깊은 계곡 바위, 바위. 소용돌이치며 담근 두 발 사이로 흘러내리기도 했었지 부서진 달빛 사이로 한숨도 담아 씻어가던 나 아니었던가 먼 시간 지어진 인연을 알지 못하고 스친 것이 얼마나 많을까
>
> 무심한 내 눈길에 민망한 듯 물러갔다 다시 하얗게 다가오는 파도 수평선 너머로 가버리고 말면 구름으로 한 번 만날까 언제 그대 어깨 위에 내려앉는 빗방울이 될까 한 자락 인연의 끈을 놓칠세라 물결은 되짚어 다시 묻는다
>
> 우리 만난 적 있지요
>
> 우리 어디서 만난 적 있어요

-「인연」 전문

 시적 주체는 바닷가에 서 있다. 바닷가에서 파도가 밀려오고 밀려 나가는 모습을 보고 있다. 파도의 모습은 우리 누구나가 바닷가에서 보는 풍경일 텐데, 시적 주체는 이 풍경 속에서 물 이미지의 회상을 가청화한다. 물의 목소리가 들려오는 것이다. "물살이 그냥 떠나지 않"는 것은 시적 주체에 말을 걸기 위해서이다. "우리 아는 거지요 우리 만난 적 있지요" 하고 말을 걸어오는 물결은 시적 주체에게 물이 세계의 순환적 체계 속에서 시적 주체와 마주한 기억을 환기한다. 여기에서 물결은 바다의 파도로 단순히 환원되는 운동이 아니다. 그것은 우리가 세계와 관계를 맺고 있는 기억을 회상하도록 이끄는 물의 운동이다. "산길에서 어깨를 적신 빗방울이 아니던가 개울 어디 쯤 정성스레 두 손을 씻어준 적도 있었지 깊은 계곡 바위, 바위, 소용돌이치며 담근 두 발 사이로 흘러내리기도 했었지 부서진 달빛 사이로 한숨도 담아 씻어가던 나 아니었던가"라고 회상을 이어가는 시적 주체의 상상력은 물이 "빗방울", "개울물"과 같은 것만이 아니라 흐름과 흘러듦의 운동을 가진 것들이 물임을 인식하는 데까지 확장된다. 물의 이미지는 그런 점에서 말 그대로 "물결"의 운동을 내재한 모든 이미지로 나타나는 것이다. 여기서 흥미롭게 다가

오는 것은 이러한 물의 이미지는 시적 주체의 "생각 그것마저 씻어버리고자" 하는 시적 주체의 행위와 그 행위를 통해 나타나는 "무심한 내 눈길"마저 적시며 회상을 추동하고 있다는 점이다. 그렇게 하여 물의 이미지가 시적 주체에게 환기시키는 것은 "인연"이다. 여러 장소에서 다른 목소리로, 각자의 장소에서 각자의 목소리로 마주했던 순간들을 이어주는 물의 이미지는 하나이며 여럿인 세계와 시적 주체의 "만남"을 우리 앞에 하나의 장면으로 드러나게 해주고 있다.

물의 이미지는 흐름과 흘러듦의 다양한 차원을 모두 이으며 우리 앞에 그때그때 다른 모습으로 나타난다. 그리고 이러한 운동의 확장으로 인해 물의 이미지는 리듬으로도 나타난다. "대숲에는 지난가을 노래가/푸른 잎에 달려 있다가/사람들 숨결에 우 우 떨어졌다"(「푸른 울음」)과 같이 대나무에 깃들다 떨어지는 "노래"로 나타나기도 하고 "비단 같아라 부드럽고 달콤해라/밑줄 긋고 땐땐 표시하라고 저마다의 우주가 흔들리고 있다"(「각자 입으로 각자 말을 하느라고」)에서 보이듯 사람들의 말들이 부딪치고 충돌하는 소리들 속에서 나타나기도 한다. 물은 고여서 깃들어 있다가 어느 순간 흘러내리기도 하고 서로 맞닥뜨리며 충돌하며 물보라를 일으키고 흔들리는 모습으로 나타나기도 한다. 이 리듬은 유담의 시 세계에서는 끊임없이 서로 조응하며 여러 모습으로 바뀌어 나타나는 세계의 운동 그 자체이다. 이 리듬이 잘 드러나는 아래의 시에서도 이러한 특징이 드러나고 있다.

> 바람소리 고층아파트 골 사이로 흐르고 문짝은 심심한 심사 지 맘대로 열렸다 닫혔다 손잡이 당겨 제자리 꼭 눌러 앉히는데 어디서 왔는지 자꾸 종알거려 알아듣지 못하는 귀 손가락으로 후비고 아이들 소리에 건너 사찰 난간에 청사초롱 달린다 하늘은 말간 얼굴로 피뢰침에 구름 한 자락 걸쳐놓고 저 초롱 어디로 달리나 보자 물살 거스르는 숭어 떼가 지나간다 청색 지느러미 저러다 잡히지 바람 부는 날 창 너머로
>
> ―「혼자 집에 있는 날」 전문

시적 주체는 집에 혼자 있는 시간에 고요히 자신의 주변 세계와 조응한다. 먼저 바람소리를 듣는다. 이 흐름은 리듬을 가지고 우리가 사는 이 땅으로 흘러든다. "고층아파트 골 사이로 흐르"는 바람소리는 그냥 소리가 아니라 우리가 사는 공간으로 침투하며 조응한다. 이 조응의 힘은 문을 닫아걸어도 리듬으로 다가온다. 그러나 리듬에는

완급이 있는 법. 빠르게 파고들어 우리의 일상을 흔들며 조응했던 리듬은 "아이들 소리를 건너 사찰 난간에 청사초롱으로 달"리고 "구름 한 자락"으로 잠잠히 "피뢰침"에 걸려 있기도 한 것이다. 그러다가는 다시 "물살 거스르는 숭어 떼"의 모습으로 화하여 나타난다. 이렇게 리듬은 우리의 주변 세계와 조응하며 다양한 모습으로 침투하고 변모하여 나타나지만 하나의 물의 흐름과 같은 리듬으로 나타나는 것이다. 시적 주체가 "바람 부는 날 창 너머"로 보는 세계는 여기에 이르면 리듬의 세계이다.

3. 회복하는 힘, 회상의 회복력

리듬의 세계를 발견한 시적 주체는 이 세계를 통해 우리에게 무엇을 말하고자 할까? 유담의 시 세계에서 이 리듬은 풍성하고 아름다운 세계로 빛날 때조차 상처를 끌어안고 있는 모습으로 묘사된다. 싱그럽게 익은 앵두를 보면서 "초여름 저녁 시원해지는 바람을 말해 줄 수 있는 이/연둣빛 잎사귀 뒤에서/뽀로통하니 오므려 붉게 빛나게 할 수 있는 이/연한 속살 하나로 첫사랑의 감미로움을 되돌릴 수 있는 이"라고 노래한다. 그러면서 앵두가 환기하는 달콤함을 드러냄과 동시에 "니가 앵두여서 나도 앵두이다"라고 조응하는 순간 상처의 자리를 발견하는 것이 그것이다. "서러움을 깨문 듯 시려오는 가슴/입안 가득 몰려오는 슬픈 변명/누가 들잘 것도 없는 서투른 핑계"(이상 「앵두」)라고 이어서 노래하는 것을 보면 잘 알 수 있다. 마찬가지로 "개나리"에서 "동백꽃"에 이르는 봄꽃들의 이름을 호명하면서 꽃들의 아름다움을 노래하는 순간에도 이러한 경향이 드러난다. 봄은 자연이 재생과 회복을 통해 아름다움을 드러내는 계절이다. 봄꽃들은 그러한 자연의 특성을 가장 강렬하게 드러내는 이미지이다. 이러한 이미지들이 만들어내는 리듬에는 생명력이 생기하는 힘을 보여주는 것이 일반적인데 유담의 시 세계에서 봄은 늘 고통을 동반하며 나타난다. 즉 상처의 자리와 회복의 자리가 동일한 차원에서 일어나는 것임을 꿰뚫어보는 것이다. 봄꽃들이 피는 산을 묘사하는데 이르러 "얼음 박힌 발 아랫목 이불 속에 들면 어쩌지 못하듯/온 산이/들판이 얼음 풀리는 몸살/저리도 색 곱게 앓고 있음을"(「이 봄날에」)라고 노래하는 것은 이러한 경향을 잘 드러내고 있다. 이러한 리듬은 아래의 시에서는 "뒤척이면서 빛나는" 것으로 다가온다. 여기에서 유담은 리듬이 지닌 역동적인 힘이 봄이 지닌 재생과 회복의 힘과 맞닿아 있음을 우리에게 말하고자 하는 것 같다.

　　햇살에 가만히 있는 건 반짝이지 않는다

바람을 받아 이리저리 뒤척이며 빛나고

나뭇잎이 앞뒤를 내보이며 가지를 흔들어대는 것

반짝인다

뭍에서 뿐이랴

바다 위 물결이 얕은 걸음발을 떼고 급하게 내지르며 반짝인 것

저것

강이나 연못이나 졸졸거리며 울어대는 실개천에서 일단 뒤집어보자는 거

물살도 눈이 부시다

언덕 위 노란 물이 가시지 않은 풀밭

여린 풀잎들 저것들도 반짝이자고 뒤채이나

대지에 바짝 엎드려 흔들리고 있다

말발굽 소리를 듣는 인디언의 투명한 고막처럼 바람 한 줄기에도

반짝이나

반짝이나요

서로의 귓볼을 부벼 대면서

―「봄은 풀잎을 흔들면서 온다」 전문

시적 주체는 "바람"과 "물살" 그리고 "바다"에서, 더 나

아가 "대지에서 바짝 엎드려 흔들리"고 있는 "여린 풀잎들"에게서 장대하게 빛나는 리듬을 본다. 이것은 하나의 거대한 흐름이어서 우리가 사는 세계를 비추는 햇살 아래서 흔들리며 빛나는 것으로 나타난다. 이 빛나는 것들은 "서로의 귓불을 부벼 대면"서 빛난다. 이렇게 리듬이 서로 기대어 빛나며 확장되는 계절이 바로 봄이다. 이 봄에 살아서 생기하는 것들은 모두 흔들린다. 이 흔들림의 리듬이 우리의 삶으로 파고드는 계절이 바로 봄이다. 이 리듬을 추동하며 생기하는 이미지들은 물의 이미지에 기대어 있다. 물살이 뒤집는 힘은 풀잎이 바람에 잎사귀를 뒤집어 보이는 것과 다르지 않다. 이 리듬의 힘으로 그렇게 만물이 조응하며 서로를 살갑게 살 부비며 만난다.

이 만남은 리듬과 리듬의 만남으로 우리 앞에 현시된다. 물의 이미지가 각기 다른 이미지로 현현하여 나타나면서 그 경계에서 마주하는 모습으로 묘사되는 것이다. 이 마주함은 한편으로는 봄이 지닌 회복력을 드러내면서 다른 한편으로 상처를 안고 포용하며 가려진 상처를 드러나게 하는 봄의 환기력으로 나타난다. 시적 주체는 이 자리가 리듬이 오는 자리이며 그러기에 빛나는 자리라고 노래하고 있는 것이다. 이러한 리듬의 힘은 우리로 하여금 우리가 지나온 삶을 회상하며 그 삶이 펼쳐낸 시간들에 깃든 리듬을 되짚어보게 한다. 유담 시인이 자신의 삶의 터

전인 통영의 강구안을 노래하는 아래의 시에서는 이러한 경향이 잘 응축되어 나타나고 있다.

  짱구머리 옆집 아이 별명이 원양호 싼판이었다
  원양호 다니다 금성호가 다니던 뱃길
  부산에서 오노라면
  어떤 날에는 환한 날에 닿고
  어떤 날엔 깜깜한 밤이었다
  원양호나 금성호나 뱃멀미가 나기는 마찬가지
  집에 와 누워도 방바닥이 울렁거렸는데 가멀미
라고 했다
  강구안 물결은 그때나 지금이나 여전히 출렁거
리는데
  세월에 가멀미하는 나이
  부산 배를 타지 않아도
  어떤 때엔 환하고
  어떤 때엔 캄캄한
  강구안
  강구안

  -「강구안」전문

시적 주체는 강구안에 대한 기억을 회상한다. 강구안은 "원양호 다니다 금성호가 다니던 뱃길"이 시작되고 끝나는 곳이었다. 뱃길에 올랐다가 삶의 터전으로 회귀하는 장소가 바로 강구안인 것이다. 강구안에서 마주한 지난날들을 되돌아보면 "어떤 날에는 환한 날에 닿고/어떤 날엔 깜깜한 밤이었"다. 바다에 나가 강구안으로 돌아온 날들은 그러니까 강구안에서 뱃일을 하는 사람들에게는 삶 그 자체였다. 그 삶은 지난한 삶이었다. 바다에서 배멀미에 시달리던 날들이 육화되어 어느 덧 땅에서도 배멀미를 하게 되어 버린 것이다. "원양호나 금성호나 뱃멀미가 나기는 마찬가지/집에 와 누워도 방바닥이 울렁거렸는데 가멀미라고 했다"는 진술이 이러한 아픔을 노래하고 있다. 삶은 "어떤 때엔 환하고/어떤 때엔 캄캄한" 날들이었지만 이 세월이 우리에게 준 것은 "가멀미"였다. "가멀미"는 지난 삶의 고난을 의미하는 듯하지만 삶을 견디어낸 우리 내부의 내적 힘을 의미하기도 한다. 그것은 우리 안에 자리한 리듬의 힘을 역설적으로 보여준다. 봄의 가장 아름다운 순간이 뒤척임 속에서 나타났듯이 우리가 살아온 삶의 회복력은 "가멀미"에서 나타났다는 통렬한 인식이 여기에 있다. 여기에 이르면 강구안은 그냥 강구안이 아니다. 우리 삶이 내포하고 있는 비밀이 드러나는 항구이다. 우리의 삶이 우리 앞에 삶 그 자체로 현현하는 경계에 있는 항구이다.

이 항구는 유담의 시 세계에서는 하나의 은유이다. 왜냐하면 이 장소는 리듬을 육화하는 장소이며, 우리가 삶의 주체로서 세계를 회상하고 리듬을 통해, 리듬을 추동하는 물의 이미지를 통해 세계와 조응하고 세계에 내재한 부정성을 끌어안는 장소이기 때문이다. 그리고 바로 이 항구가 유담에게는 시 그 자체가 나타나는 자리이다. 때문에 항구가 시적 세계에 대한 은유일 수 있는 것이다. 그리고 그 지평은 우리가 세계를 마주하는 항구인 몸이 위치한 자리이기도 하다. 그렇지 않은가? 우리의 몸이야말로 우리의 삶을 견디어 내고 살아내는 몸이야 말로 세계와 조응하는 항구가 아닌가? 유담은 그 자리에 우리의 초라한 몸을 위치시키면서 우리 몸에 남겨진 리듬의 흔적을 아프게 더듬는다. 무엇보다 그 자리가 아프게 다가오는 것은 그 자리에 우리의 어머니와 아버지의 모습이 환기되어 나타나기 때문이다.

4. 리듬을 육화하는 몸, 그 섬에 대하여

물의 이미지가 만드는 리듬은 우리의 몸에 무늬를 만든다. 리듬은 무게가 있고 무엇보다 그 무게는 시간을 건너와 현재화하는 리듬의 모습이다. 그 모습은 리듬이 회상으로 인해 회복과 복원 그리고 견딤의 힘을 환기한다. 리듬은 육화되어 우리가 되어 나타난다. 유담의 시에서 이는 서정을 통해 하나의 세계로 응집된다. 아버지와 어머니를 경유하여 자신의 삶을 지탱한 주체들의 모습으로 환원되는 존재들을 노래하는 작품에서 이는 강렬하게 나타난다.

    땡볕에 물든 얼굴
    바람이 비껴갈러나 눌러 쓴 수건 한 장
    김이 나는 양푼 대야
    냄새는 구수하다
    실을 자아내고 껍질로 남은
    종이컵에 담긴 번데기
    건네는 손은 더 까맣다
    속 다 내어주고 껍데기만 남은 여인

    -「그 여인」 부분

    온 산이 초록 물 천지다
    바다의 초록물이 밤새 산으로 올라오더니
    두레박질에 고단하다 산은 누웠다
    굽은 등을 따라 물 긷느라 지친 등허리 꼭꼭 밟
으며 오른다
    신경통이 안개처럼 내려앉은 날

아버지도 그랬다

엎드려 있으마 꼭꼭 밟아보아라

색연필 낙서가 벽지를 더욱 낡아 보이게 하는

그 벽을 짚고 아버지 등에 올라서서

잠시 균형이 흔들리다가 몇 발자국 떼면

시원하다고

아프겠는데 자꾸 시원하다고

노동에 눌린 허리를 펴는 것이었는데

끌을 두드리는 망치질 같은 딱따구리 소리

아버지 일이 아직 끝나지 않았나 싶기도 하고

산은

또 밤새 두레박질할 요량

넘칠 거리는 초록

물때 맞추려 물시계를 만드나

딱따구리, 나무에 눈금을 새기고

- 「초록등허리」 전문

「그 여인」에서 시적 주체인 번데기를 팔고 있는 여인을 노래한다. 그 여인은 "땡볕에 물든 얼굴"로 번데기가 담긴 "김이 나는 양푼 대야" 앞에 있다. 사람들이 번데기를 살 때마다 종이컵에 떠서 내민다. 고된 노동의 흔적이 그녀의 몸에 까만빛으로 남았다. 그녀는 "속 다 내어주고 껍데기만 남은 여인"으로 묘사되지만 단순히 그녀의 삶이 비어버린 것은 아니다. 그녀는 이 삶을 노동을 통해 견디며 비워진 것이고 그렇게 비워진 자리에 삶을 추동하는 리듬은 흘러들어 와 그녀를 지탱하는 힘이 되고 있다. 그것이 바로 비어있는 껍데기에 깃든 리듬의 힘이다. 이 힘을 내재하는 존재인 "그 여인"은 고된 노동으로 우리가 살아갈 수 있는 토대를 마련해준 어머니의 모습을 환기한다. 어머니의 삶은 그런 점에서 비어내며 우리를 채우는 리듬의 힘에 근거하고 있는 것이다.

   이러한 힘은 「초록등허리」에서도 노래되고 있는데, 여기서는 아버지를 통해 노래된다. 아버지는 고된 삶을 견뎌온 존재다. "세상에서 비 맞지 않는 지붕은 없다/바람에 엎드리지 않는 지붕은 없다/눈발에 맞서 내어주는 아버지의 등/그 지붕이 이제 굽었다"(「지붕」)라고 노래된 지붕과 동일화된 아버지이다. 우리가 비 맞지 않도록, 우리가 세상의 풍파를 맞지 않도록 먼저 엎드리고, 맞서 내어주는 등이었던 아버지다. 그래서 아버지의 등은 "이제 굽었"던 것이다. 「초록등허리」에서 이러한 아버지의 등은 산등성이의 이미지와 겹쳐진다. 산은 "바다의 초록물"을 "두레박질"해서 끌어오는 산으로 노래된다. 그것은 시적 주체에게 노동과 다름없는 것으로 느껴진다. 주목할 것은 "바다"의 "초록물"은 "산"에 의해 끌어 올려지는 물이면서 동시에 산을 밟으며 오르는 물이라는 것이다. "굽은 등을 따라 물 긷느라 지친 등허리 꼭꼭 밟으며 오른다"는 진술에서 그런 시적 인식이 나타나고 있다. 앞서 물의 이미지를 이야기했던 부분에서 물의 이미지의 특성을 기억해보라. 물은 여기서 노동을 일으키면서도 그 노동으로 인한 고통을 풀어주는 내적인 힘을 지닌 것이다. 여기에서 시적 주체가 "산"을 "아버지"와 등치시키는 것은 우연이 아니다. 자연스럽게 시적 주체가 아버지의 등을 밟아 주었던 기억이 이어진다. 그리고 아버지의 노동을 다시 환기하면서 이를 딱따구리가 나무를 쪼아내는 소리로 연결시킨다. "망치질"의 리듬이 이를 이어주고 있다. 여기에 이르면 봄이 만개하여 초록으로 물드는 산은 아버지의 노동과 자연의 세계가 조화롭게 만들어 하나의 통합된 세계를 이루어내는 공간이 된다. 이 공간에서 노동은 세계의 재생과 순환을 추동하는 힘으로 변모한다. 리듬은 육화되어 아버지의 몸으로 나타났다가 산으로 전이되어 우리 앞에 나타난 것이다. "산은/또 밤새 두레박질할 요량/넘칠 거리는 초록/물 때 맞추려 물시계를 만드나/딱따구리, 나무에 눈금을 새기고"라는 표현에 이것이 잘 응축되어 있다. 더불어 여기서는 "딱다구리"가 "눈금"을 "새기"는 행위를 통해 암시되듯이 세계의 재생과 순환의 때를 읽어내려고 하는 우리의 바람이 암시되어 나타나고 있다. 우리가 세계의 흐름과 삶의 흐름을 읽어내려고 하는 행위가 "딱다구리"가 하는 행위와 같은 맥락에 놓여 있기 때문이다.

이때에 우리가 때를 읽어내려고 시도하는 행위는 "물시계"라는 이미지로 결집된다. 여기서 "물시계"는 물의 이미지가 추동하는 리듬을 읽어내는 이미지 질료이다. 동시에 시간마저 읽어내는 압도적인 이미지 질료이다. 흥미로운 것은 이 "물시계"라는 이미지가 우리의 몸에 리듬이 남기는 주름들, 물의 수위가 남기는 흔적들과 친연하다는 것이다. 그런 점에서 "물시계"는 다시 우리 몸을 환기시키며, 이 몸이 처해 있는 존재론적인 차원의 특성을 끝내 환기한다. "물시계"이자 "몸"인 이미지는 "섬"으로 결집되어 나타나는 것이다.

유담은 통영의 시인으로 오랜 시간 섬과 더불어 살아오면 섬에 대해 깊이 있는 시적 사유를 해왔을 것이다. 그 사유의 결집이 "섬"으로 나타나게 되는 것은 이미 예견된 것인지도 모른다. 유담의 시는 물의 이미지가 추동하는 리듬을 바탕으로 시적 사유를 추동하였으며 이 힘이 자연과 우리의 삶을 서로 상호 침투하며 그때그때 다른 모습으로 나타났다가 스며들었음을 노래했다. 그 스며듦이 리듬의 육화를 추동하고 그 과정에서 우리의 삶이, 어머니와 아버지의 고된 삶을 경유해서 세계와 자아와의 조응을 이뤄냄을 살펴보았다. 그 조응의 끝에서 우리는 물의 이미지가, 이 이미지 질료가 최상급으로 나타나는 바다를 만나는 것은 우연이 아닐 것이다. 그리고 그 바다의 지평에서 우리의 삶을 응축하고 있는, 고단한 노동을 수행한 아버지의 이미지였던 섬이 만나는 것도 이상한 일이 아닐 것이다. 이 마주함이 유담의 시가 추동한 리듬의 이미지와 그 이미지를 통한 회상이 극적으로 우리 앞에 나타나도록 이끈 시원일 것이기 때문이다. 물의 이미지가 이끈 회상의 힘이 도달한 세계가 바로 여기에 있다. 아래의 시「섬」을 읽으며 유담의 시가 서정을 통해 육화해낸 리듬의 세계를 함께 음미해보자. 앞으로도 유담의 시가 자신이 열어낸 서정을 더 깊이 추동해내길 바라며 말이다.

> 산은 전부터 늙어 있었다
> 도리 없이 옷을 자주 갈아입었다
> 젊음이 푸름이라고 배운 사람들이
> 산이 늙은 줄 모르고 세월이 갔다
>
> 푸른 산 아래 흐르는 강은 하루하루 푸르렀고
> 푸름이 젊음이라고 배운 대로 강은 젊었다
> 강은 젊음을 실어 나르는 줄 모르고
> 세월이 갔다

어느 날

산은 제 그림자를 보다가

강물에 젊음이 잠긴 것을 알았다

강물을 따라 가보았다

그 끝은 바다

돌아갈 수 없는 산은 섬이 되었다

후회일까

발부리를 철벅거리며

내내 울었다

-「섬」 전문